LA PIRAMIDE DEI BISOGNI DI MASLOW

INFORMAZIONI CHIAVE

- **Nome:** piramide dei bisogni di Maslow, gerarchia dei bisogni di Maslow.

- **Usi:** psicologia e scienze sociali (per classificare e dare priorità ai bisogni individuali), marketing e management.

- **Perché ha successo?** È una rappresentazione visiva dinamica dei bisogni, che comprende sia gli aspetti fisiologici che quelli spirituali.

- **Parole chiave:** psicologia, bisogni, Maslow, piramide.

INTRODUZIONE

La scienza economica è l'allocazione di risorse limitate in base alle infinite esigenze, motivazioni e aspettative degli individui. Ma come si definiscono i bisogni? È quello che cerca di fare questa piramide, sviluppata dallo psicologo americano Abraham Harold Maslow (1908-1970).

LA PIRAMIDE DEI BISOGNI DI MASLOW

Ottenere informazioni vitali su come motivare le persone

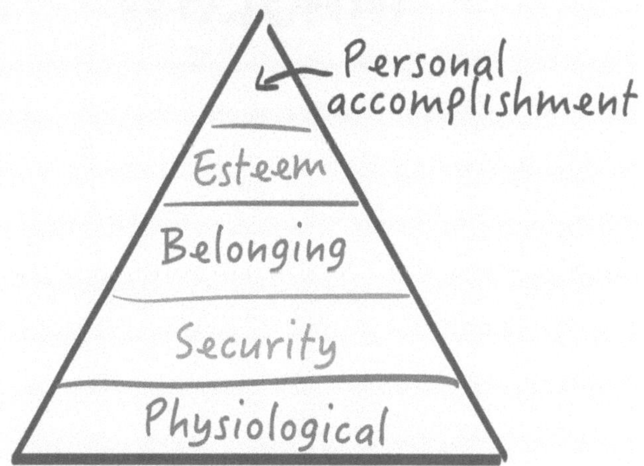

50MINUTES.com

LA PIRAMIDE DEI BISOGNI DI MASLOW

Ottenere informazioni vitali su come motivare le persone

scritto da Pierre Pichère
tradotto par Sara Rossi

50MINUTES.com

La storia

A partire dagli anni '40, Maslow, insieme a Carl Rogers (psicologo, 1902-1987), ha introdotto un nuovo approccio alla psicologia umanistica. Nelle sue opere, Maslow studiò la struttura dei bisogni umani. I suoi lettori e sostenitori hanno poi formalizzato le sue tesi sotto forma di piramide.

Esistono cinque livelli di esigenze:

* bisogni fisiologici;

* esigenze di sicurezza;

* necessità di riconoscimento;

* bisogno di stima;

* bisogno di autorealizzazione.

Ciascuna di queste categorie corrisponde alle attività umane. Questo modello è stato ampiamente utilizzato in economia e nel mondo aziendale, soprattutto nel marketing e nella gestione. Al termine di questo studio vedremo come il settore economico utilizza il modello tramite un esempio tratto dall'industria alimentare.

Definizione del modello

La piramide dei bisogni, detta anche piramide di Maslow, offre un modello per definire i bisogni degli esseri umani, dalle funzioni più elementari (mangiare, dormire, ecc.) a quelle più appaganti (migliorare se stessi, praticare arte o sport, ecc.). Maslow era uno psicologo, ma il suo modello, sintetizzato da una piramide, è stato utilizzato sia in economia che nel mondo degli affari. Offre un modo semplice ed efficace per identificare i diversi bisogni, a patto che vengano considerati nel loro insieme e non come fasi successive.

TEORIA

La microeconomia riguarda naturalmente le condizioni che portano allo scambio di mercato. La piramide di Maslow si colloca prima di queste conclusioni, proprio all'origine della domanda: i bisogni.

I CINQUE LIVELLI DI ESIGENZE

Livello per livello, Maslow riunisce i vari bisogni umani. Non parla direttamente di una forma piramidale, ma di una gerarchia di importanza: non appena una famiglia viene soddisfatta, appaiono immediatamente altri bisogni. Poiché la gerarchia dei bisogni di Maslow copre molteplici aree, tra cui lo sviluppo personale, è utile adoperare i termini riportati dall'autore stesso per comprendere il concetto.

- Il primo livello è quello dei **bisogni fisiologici**. Mangiare, bere, dormire, respirare, ecc. sono tutte funzioni legate alla sopravvivenza individuale. Trattandosi di bisogni primari e vitali, sono ovviamente i più importanti: superano certamente i bisogni di sicurezza, stima, ecc.

- Seguono, le **esigenze di sicurezza**. Si potrebbe pensare subito all'integrità fisica, ma questa categoria non si limita a questo: anche la protezione da furti e danni rientra in questa categoria. Maslow afferma che i bisogni di sicurezza portano le persone a preferire ciò che è familiare, piuttosto che l'ignoto.

- Quando questi due tipi di bisogni sono soddisfatti, compaiono quelli legati all'amore, all'affetto o alle relazioni sociali (il **bisogno di appartenenza**). Questa terza categoria tiene conto della natura sociale dell'essere umano.

- Questo porta al quarto livello della piramide, che è il **bisogno di stima o riconoscimento**. Questa categoria si riferisce ai bisogni legati allo status, all'occupazione, al potere e al denaro che ci definiscono nella società.

- Infine, al vertice della piramide si trova il **bisogno di realizzazione personale**. Mentre i bisogni dei livelli inferiori dipendono dalle percezioni degli altri, i bisogni al vertice della piramide sono legati allo sviluppo della personalità dell'individuo. Secondo Maslow, questi bisogni possono assumere qualsiasi forma, purché corrispondano ai desideri individuali della persona. In altre parole, se voglio diventare medico, ad esempio, un bisogno legato alla professione come quello di conoscere il funzionamento del corpo umano, appare automaticamente.

Secondo la teoria di Maslow, è necessario soddisfare i bisogni di ciascun livello prima di passare a quello successivo. Qualcuno temerebbe per la sicurezza dei propri beni se non avesse nulla da mangiare? Qualcuno si preoccuperebbe dei propri legami sociali mentre viene attaccato da un gruppo di saccheggiatori? A cosa serve il riconoscimento degli altri senza essere integrati in un gruppo sociale? E quanto ci si può sentire realizzati senza una buona autostima? Si tratta quindi di un

modello dinamico, non di una presentazione stretta-
mente gerarchica.

Maslow mette in prospettiva lo sviluppo individuale,
partendo dal presupposto che gli individui cercano
sempre una buona qualità di vita. In realtà, i bisogni
non sono uguali per tutti e variano anche nel tempo.
Inoltre, altri tipi di bisogni possono emergere con importanza diversa a seconda delle persone e delle circos-
tanze e coesistere accanto a quelli rappresentati nella
piramide.

BISOGNI: DALL'ECONOMIA AL MARKETING

Rispetto ai numerosi bisogni legati alle relazioni sociali
e agli esseri umani, il bisogno di beni disponibili sembra essere molto limitato. Tuttavia, il ragionamento economico è più interessato all'utilità – cioè alla funzione
di un'unità aggiuntiva di un prodotto per il consumatore – che al bisogno, senza dare priorità ai beni stessi.

L'analisi dei bisogni riguarda soprattutto il marketing e
la gestione. I bisogni sono studiati soprattutto a livello
dell'azienda e del suo posizionamento sul mercato. Gli
psicologi concordano sul fatto che i bisogni esistenziali
e di base sono relativamente limitati, ma esiste sempre
un bisogno – inteso come mancanza o desiderio – di un
prodotto da parte del consumatore.

I marketer ne sono consapevoli e fanno costantemente
riferimento alla famosa piramide di Maslow. Inserire
un prodotto o un servizio nella piramide ci porta a

considerare e a sviluppare strategie di lancio che a volte sono molto varie. Ad esempio, non commercializzeremmo un prodotto di base come un pezzo di alta tecnologia. È anche possibile che un prodotto o servizio soddisfi diversi livelli di bisogni; è quindi necessario adattare il messaggio in base al target.

LIMITAZIONI ED ESTENSIONI

LIMITI E CRITICHE

Come tutte le teorie classiche delle scienze sociali, la piramide dei bisogni è stata oggetto d'interpretazioni critiche. Sono stati evidenziati diversi punti deboli del modello, anche se alcuni sono contraddittori:

* **La mancanza di sfumature nella gerarchia dei bisogni.** Alcune funzioni naturali sono più importanti di altre. Si può stare senza mangiare per diversi giorni, ma si può smettere di respirare solo per pochi minuti.

* **La gerarchia discutibile.** Non tiene conto del fatto che gli esseri umani sono esseri sociali. Il bisogno di mangiare può davvero essere anteposto al mantenimento delle relazioni umane o al miglioramento di sé? Senza cibo, una persona non può sopravvivere. Senza un'interazione sufficiente con gli altri, lo stato mentale di una persona si deteriora, portandola alla follia o addirittura al suicidio.

* **L'etnocentrismo del modello.** Tutti gli studi sono stati condotti su popolazioni occidentali, con il risultato di un approccio che si applica solo a civiltà ricche e sviluppate.

Ad eccezione di quest'ultimo punto, le critiche legate alla mancanza o all'eccesso di gerarchia si riferiscono in realtà più agli usi sviluppati per la teoria di Maslow che alla teoria stessa. La forma piramidale, infatti, non compare nell'opera di Maslow e nasconde il movimento dinamico che egli prevedeva tra i vari bisogni.

L'uso marginale nei servizi pubblici

L'uso della piramide di Maslow in economia rimane piuttosto limitato. È impossibile analizzare la definizione dei prezzi in funzione del livello di bisogno. L'applicazione si riferisce più all'utilità marginale di un bene (come dimostrato dagli economisti Léon Walras (1834-1910), William Stanley Jevons (1835-1882) e Carl Menger (1840-1921) nel XIX secolo), che è la soddisfazione fornita da un'unità aggiuntiva, piuttosto che al suo livello nella piramide di Maslow.

Ricordiamo che la piramide di Maslow non è una classificazione di tutti i bisogni e i desideri degli agenti economici, ma un modello di realizzazione umana in cinque fasi. Esaminata in questo modo, la piramide può servire da supporto per gli interventi degli operatori pubblici nell'economia: regolare la produzione di cibo e proteggere la qualità dell'aria (bisogni fisiologici), far rispettare la legge e l'ordine (bisogni di sicurezza), garantire la socializzazione dei bambini, in particolare a scuola (amore e appartenenza), ecc. È più difficile pensare a una risposta per i due livelli superiori della piramide. L'emittenza pubblica, l'istruzione superiore e gli investimenti nella cultura possono forse essere intesi come risposte collettive ai bisogni di autorealizzazione e di riconoscimento da parte degli altri.

MODELLI ED ESTENSIONI CORRELATE

La teoria dei bisogni di Henderson

Sono stati proposti altri modelli, tra cui quello ideato da Virginia Henderson (infermiera americana, 1897-1996), che identifica 14 bisogni presentati in una griglia. Questo modello è ampiamente utilizzato nel mondo medico. Tuttavia, il contributo aggiuntivo di questo modello non è chiaro. Tutte le categorie identificate rientrano nelle cinque categorie principali della piramide di Maslow. Inoltre, se i limiti di questo modello sono immediatamente evidenti, è difficile giustificare questa nuova classificazione.

Teoria ERG

Nel 1969, lo psicologo americano Clayton Alderfer (nato nel 1940) ha presentato la teoria ERG (Existence, Relatedness and Growth), che è in realtà una versione più concisa della piramide di Maslow. Invece di cinque livelli, la teoria ERG ne individua tre: i bisogni di esistenza (cibo, vestiti, sicurezza, ecc.), i bisogni di relazione (essere legati ad altri individui) e i bisogni di crescita (sviluppo, creatività, senso della vita, autostima, ecc.). Alderfer non si è posto l'obiettivo di rimodellare le categorie di Maslow. Per lui, un individuo deve soddisfare questi bisogni contemporaneamente, non uno dopo l'altro, scalando i livelli della piramide. Se i bisogni di crescita non sono soddisfatti, ciò influisce sul comportamento sociale e sulle funzioni di base, come dormire e mangiare. Secondo lo psicologo, la dinamica dei bisogni è più completa rispetto al modello di Maslow. Il suo modello ha avuto particolare successo nei campi della gestione e della psicologia del lavoro.

APPLICAZIONE PRATICA

Come abbiamo visto, la piramide di Maslow trova la sua applicazione economica più concreta nel marketing. Non sorprende che sempre più modelli di psicologia vengano utilizzati per scopi di marketing, poiché il concetto di marketing si basa sulla comprensione e sull'anticipazione del comportamento dei consumatori.

PRODOTTI ED ESIGENZE

Piuttosto che attenersi alla categorizzazione di ogni prodotto o servizio in un livello della piramide, è meglio guardare a quale operazione può soddisfare il maggior numero di esigenze.

Un prodotto, un'esigenza

L'applicazione più elementare consiste nell'identificare il livello della piramide in cui si colloca il prodotto o il servizio che si vuole commercializzare: gli alimenti e l'igiene di base appartengono al livello inferiore, i prodotti culturali a quello superiore. Questa classificazione sembra estremamente rudimentale, ma ha senso. Lo dimostra l'organizzazione degli scaffali dei supermercati, dove i prodotti sono classificati in base alla loro tipologia e al loro utilizzo.

I prodotti più semplici fanno spesso parte di questo processo. Questo vale soprattutto per gli alimenti di base. Le confezioni di pasta o di patate coprono solo il primo livello della piramide: sono pensate per nutrire. Ma questa strategia raramente è sufficiente da sola. Ricordate che la piramide di Maslow è dinamica e il lancio di un buon prodotto o servizio deve soddisfare il massimo numero di bisogni.

Marketing con la piramide

Sviluppare un'offerta per i consumatori significa rivolgersi a tutti i livelli della piramide.

Per comprendere appieno questa teoria, è necessario definire i bisogni nel loro contesto contemporaneo. Nella società sono emerse nuove funzioni che non esistevano ai tempi di Maslow (XX secolo). Per esempio, se qualcuno avesse cambiato casa negli anni Cinquanta, non sarebbe andato così veloce o lontano come oggi: le famiglie erano più unite e la casa era di solito vicina al posto di lavoro. Oltre che per motivi di svago, la necessità di viaggiare può essere considerata un bisogno fisiologico, in quanto permette di guadagnarsi da vivere andando a lavorare o di mantenere le proprie relazioni affettive andando a trovare amici e parenti.

L'auto è un ottimo esempio di strategia che si evolve all'interno della piramide. I modelli meno costosi si limitano alle caratteristiche di base, mentre quelli più costosi combinano prestigio e comfort. In tutti i casi, questo tipo di prodotto coinvolge diversi livelli della piramide: il bisogno fisiologico di viaggiare, la necessità di evitare i veicoli noti per la loro inaffidabilità, l'appartenenza alla comunità di automobilisti la cui auto è di un marchio particolare e noto, e (per i modelli più avanzati) la soddisfazione di possedere un bene costoso e di lusso.

Il marketing cerca quindi di stabilire una strategia per soddisfare i livelli più alti della piramide con prodotti che sembrano rispondere principalmente al primo livello di bisogni. Il marketing può anche svolgere una funzione opposta, anche se è più difficile. Quando un prodotto o un servizio è destinato all'autostima o allo sviluppo della personalità, un marchio può concentrarsi ed enfatizzare gli aspetti fisiologici e di sicurezza dell'acquisto per attirare il maggior numero di consumatori ad acquistare il prodotto. Si pensi ai cosmetici, dove il branding passa dalla bellezza radiosa (quarto e quinto livello) alla cura di sé, alla manutenzione della pelle e del corpo, che fa riferimento ai bisogni fisiologici e di sicurezza.

Il marketing e il bisogno di amore e appartenenza

E il terzo livello della piramide? Sembra ridicolo immaginare prodotti che possano soddisfare il bisogno di amore. Maslow inserisce in questa categoria i legami di amicizia o di amore, che sono difficili da soddisfare sul mercato (anche se il successo dei siti di incontri dimostra che c'è posto per gli intermediari in materia), così come l'appartenenza a gruppi sociali.

Per molto tempo, il marketing ha giocato sul prestigio di un prodotto per incoraggiare il consumatore ad acquistarlo. Fin dalla fine del XIX secolo, il sociologo ed

economista Thorstein Veblen (1857-1929) aveva indivi-
duato un errore nel modello dell'homo economicus.

INFORMAZIONI AGGIUNTIVE: HOMO ECONOMICUS

Il concetto di uomo economico, homo economicus in latino, riflette il comportamento teorico degli esseri umani. Sulla base di questa rappresentazione astratta, i teorici di diversi campi pensano alle potenziali interazioni tra l'uomo qui illustrato e i concetti che sviluppano.

Naturalmente massimizziamo l'utilità di ciò che acquistiamo, ma l'imitazione e persino lo snobismo non sono assenti dalle nostre decisioni. Questa analisi è un'estensione del concetto sviluppato dal sociologo francese Pierre Bourdieu (1930-2002): le nostre pratiche sociali, e quindi i nostri acquisti, rispondono spesso al desiderio di distinguerci dai nostri pari imitando le pratiche delle classi sociali più elevate. Acquistando un prodotto (un'automobile, un profumo, ecc.) il consumatore può anche soddisfare il suo bisogno di riconoscimento sociale.

Pur non essendo una tendenza nuova, questa ha una forza particolare quando si sviluppano identità multiple e legami di comunità, sostenuti, se non addirittura avviati, dalle tecnologie dell'informazione e della comunicazione, in particolare dai social network. Alcuni marchi giocano perfettamente sul senso di appartenenza legato al semplice possesso del prodotto. Si pensi a come Apple ha creato una comunità di utenti a partire dagli anni '80: partendo dal microcosmo dei grafici e dei professionisti dell'immagine, questa comunità, di cui molti utenti si considerano membri, è cresciuta in modo esponenziale grazie al mercato di massa e al marketing dei suoi prodotti di punta (iPhone, iPad, ecc.). Anche Facebook, Twitter e tutti i social network utilizzano questa strategia e fanno leva sul senso di appartenenza, che in questo caso è alla base del loro modello di business, con il vantaggio di un finanziamento gratuito legato alla pubblicità.

CASO DI STUDIO: L'INDUSTRIA ALIMENTARE

Infine, analizziamo più nel dettaglio un settore economico: l'industria alimentare. Questo settore è stato particolarmente ben progettato per soddisfare tutti i livelli della piramide e per continuare a sviluppare prodotti sempre più innovativi.

Cibo da nutrire

Naturalmente, l'industria alimentare risponde a un bisogno fisiologico: il bisogno di mangiare. Non è necessario soffermarsi su questo aspetto, se non per sottolineare come il valore di un settore industriale rimanga limitato se risponde solo a una stretta esigenza. Per crescere, la catena del valore ha incorporato anche molti altri scopi, oltre a quello di soddisfare la fame.

Cibo per la protezione

L'industria alimentare si basa anche sulla sicurezza. A causa delle normative che regolano la fabbricazione dei prodotti, l'industria è obbligata a offrire alimenti più certificati rispetto ai vecchi produttori artigianali (tuttavia, va sottolineato che questo argomento era valido al momento dello sviluppo, ma ora anche i prodotti artigianali sono soggetti a rigorosi standard igienici). Un tempo, l'inscatolamento casalingo esponeva molte famiglie al rischio di botulismo (un tipo di intossicazione alimentare con gravi conseguenze), che non costituiva pericolo con l'inscatolamento industriale.

Oggi si è aggiunto un secondo livello di sicurezza, poiché i produttori hanno investito nella nicchia degli "alimenti funzionali", noti anche come nutraceutici. La margarina che riduce il colesterolo, il latte fortificato (che favorisce la crescita dei bambini), i cereali che aiutano la digestione o l'acqua minerale che rafforza il sistema immunitario hanno prosperato nei supermercati. Anche le loro indicazioni sulla salute sono sempre più rigorosamente monitorate.

Cibo per la socializzazione

Il cibo, soprattutto nel mondo occidentale, è profondamente radicato nella nostra cultura. Il pasto è fonte di convivialità e momento di condivisione. I fornitori industriali hanno naturalmente colto l'opportunità di offrire prodotti che rispondono a questo bisogno di appartenenza e di legami sociali. Ecco tre esempi che rientrano in questa categoria:

- piatti pronti "tradizionali" che pretendono di far rivivere le tradizioni e di avvicinare il consumatore all'identità culinaria del proprio paese;

- prodotti festosi e innovativi come snack o dessert che creano una certa dose di convivialità;

- grandi marchi con prodotti diversi per mercati target diversi, soprattutto quelli con prodotti basati sull'infanzia, che attraversano le generazioni e puntano sul gusto degli alimenti come identità condivisa tra tutti coloro che li consumano, creando continuità tra genitori e figli (Nutella, Haribo, Kinder, Banania, ecc.).

Lo sviluppo di reparti halal, kosher e asiatici nei supermercati corrisponde anche all'aspetto identitario del cibo, aiutando le popolazioni immigrate a mantenere un legame con la loro cultura d'origine attraverso gli acquisti alimentari.

Il cibo per esprimere i valori

Più recentemente, l'industria alimentare ha affrontato la questione dei valori, questa volta non necessariamente in senso economico. Dopo la contemporanea comparsa delle grandi catene di vendita al dettaglio e dell'industrializzazione del cibo, c'erano molte domande a cui rispondere. La preoccupazione per gli OGM, la crisi della mucca pazza degli anni '90 seguita dalla controversia sugli ormoni della carne bovina, le successive campagne sull'obesità e l'eccesso di zuccheri nei nostri alimenti hanno portato i consumatori a chiedere ulteriori spiegazioni. La consapevolezza ambientale e la ricerca di differenziazioni distintive in un mondo globalizzato hanno rafforzato questa aspettativa.

È questo bisogno di appartenenza e di valore che ha portato a etichette, nomi e altre linee guida che si sono diffuse nel settore alimentare. Le diciture "agricoltura biologica", "commercio equo e solidale" e "prodotti regionali" sono diventate etichette che vediamo costantemente sugli scaffali. Forniscono informazioni sulla qualità o sull'origine degli alimenti, oltre a informazioni sulle condizioni di produzione. I campi sono molto ampi: remunerazione dei lavoratori locali, non utilizzo di pesticidi, rispetto delle antiche tradizioni culinarie, ecc. Ognuno è libero di scegliere i prodotti che preferisce, purché l'etichetta corrisponda ai suoi valori.

Cibo per lo sviluppo personale

Infine, il cibo - e quindi l'industria alimentare - riflette anche il livello superiore della piramide, ovvero l'autorealizzazione e la realizzazione personale.

I prodotti di alta gamma, come i grandi vini d'annata, il caffè artigianale, il cioccolato pregiato o i tè rari, deliziano i consumatori al di là del semplice bisogno di soddisfare la fame o la sete. La gastronomia, se non è un'arte, è sicuramente un mestiere d'eccellenza che soddisfa il bisogno di realizzazione del consumatore. Questo è certamente incarnato da grandi chef o panettieri, ma ha anche uno sbocco nell'industria alimentare.

Offrire ai consumatori la semplice possibilità di realizzare da soli una parte della ricetta può anche soddisfare il bisogno di realizzazione. Per questo motivo l'industria fornisce kit per la preparazione di pancake o torte, e offre anche molti prodotti già pronti per aiutare a cucinare "piatti fatti in casa", consentendo ai consumatori di contribuire alla realizzazione, e quindi dando loro la possibilità di esprimere la propria creatività.

SINTESI

- La piramide dei bisogni offre un modello di cinque livelli che categorizzano i bisogni umani.

- Questo modello dinamico descrive in dettaglio le cinque fasi sequenziali necessarie allo sviluppo umano: bisogni fisiologici, senso di sicurezza, riconoscimento, autostima e realizzazione.

- Teorizzato dallo psicologo americano Abraham Maslow, è stato raramente utilizzato in economia perché non dice nulla sullo sviluppo concreto della domanda, cioè sulla trasformazione del desiderio del cliente in un acquisto.

- Sebbene la sua semplicità sia stata criticata, è ancora un punto di forza del modello. La piramide è ampiamente utilizzata nel marketing, in quanto il posizionamento di un prodotto o di un servizio nella piramide, cercando, se possibile, di soddisfare le esigenze su più livelli, porta a sviluppare una strategia pertinente.

ULTERIORI LETTURE

BIBLIOGRAFIA

Bouchiki, H., Cerdin, J-L., Dornier, P-P., Esnault, B., Le Nagard-Assayag, E. e Mottis, N. (2001) *Invitation au management.* Parigi: Presses universitaires de France.

Fenouillet, F. (Senza data) Modèle hiérarchique des besoins. *La motivazione, un concetto rompicapo.* [Online]. [Consultato il 5 maggio 2014]. Disponibile da: < http://www.lesmotivations.net/spip.php?article40>

Jacquemin, A., Tulkens, H. e Mercier, P. (2000) *Fondements d'économie politique.* [3rd edizione]. Bruxelles: Università Boeck.

Lambin, J.-J. e Moerloose, C. (2012) *Marketing stratégique et opérationnel.* [8th edizione]. Parigi: DUNOD.

Maslow, A. (2003) *Devenir le meilleur de soi-même : besoins fondamentaux, motivations et personnalité.* Parigi: Eyrolles.

Mias, L. (Senza data) Maslow, Henderson, soins. *Papidoc.* [Online]. [Accessed 5 May 2014]. Disponibile da: < http://papidoc.chic-cm.fr/573MaslowBesoins.html>

Vogliamo sapere da voi!
Lasciate un commento sulla vostra biblioteca online
e condividete i vostri libri preferiti sui social media!

L'editore garantisce l'affidabilità delle informazioni pubblicate, che non possono tuttavia impegnare la sua responsabilità.

Master ISBN: 9782808064613
ISBN cartaceo: 9782808064903
Deposito legale: D/2022/12603/77

Design digitale: Primento,
il partner digitale degli editori.